BWRLWM 'DOLIG

CERI GWYN

Gyda rhai geiriau gan
MYFANWY BENNETT JONES

© Ceri Gwyn
   Myfanwy Bennett Jones
   Gwasg y Bwthyn

ISBN 978-1-904845-95-9

Cedwir pob hawl. Ni chaniateir atgynhyrchu unrhyw ran o'r cyhoeddiad hwn na'i gadw mewn cyfundrefn adferadwy na'i drosglwyddo mewn unrhyw ddull na thrwy unrhyw gyfrwng, electronig, electrostatig, tâp magnetig, mecanyddol, ffotogopïo, recordio, nac fel arall, heb ganiatâd ymlaen llaw gan y cyhoeddwyr.

Dymuna'r cyhoeddwyr gydnabod cymorth Adrannau Cyngor Llyfrau Cymru

Cyhoeddwyd ac argraffwyd gan Wasg y Bwthyn, Caernarfon

CYNNWYS

- *6* Blwyddyn 'Rôl Blwyddyn
- *10* Fe Anwyd Mewn Stabal ym Methlem
- *13* Neithiwr
- *16* Clychau
- *18* Gobaith y Nadolig
- *22* Faban Sanctaidd
- *26* Un Noson Oer
- *30* Carol Plentyn Bach
- *32* Dathlu'r Geni
- *35* Seren Wen
- *41* Hei! Hei! Hei!

I'M TEULU
AC I
BLANT YSGOL LLANFAIR PWLLGWYNGYLL

CYFLWYNIAD

Cyfansoddwyd y carolau yma ar gyfer plant yr ysgolion lle bûm yn dysgu – yn bennaf Ysgol Llanfair Pwllgwyngyll – ac ar gyfer Ysgol Sul Rhosygad yn yr un pentref. Gan i'm cyfrol flaenorol, *Bwrlwm Blwyddyn*, gael derbyniad mor gynnes gobeithiaf y caiff *Bwrlwm 'Dolig* hefyd ei fwynhau gan blant o wahanol oedrannau mewn ysgolion ac Ysgolion Sul.

Hoffwn ddiolch yn gynnes iawn i Geraint a June a phawb yng Ngwasg y Bwthyn am eu croeso caredig wrth dywys y carolau trwy'r broses cyhoeddi, ac am y gwaith graenus. Yr un diolch i Curiad am eu gofal trylwyr gyda'r gerddoriaeth. Gwerthfawrogir yn fawr, hefyd, gymorth y Cyngor Llyfrau, a fu'n foddion i'r gyfrol weld golau dydd.

CERI GWYN

BLWYDDYN 'RÔL BLWYDDYN

1. Mae wedi ei ddweud sawl gwaith, –
   Hanes y tri ar siwrne faith
       Yn dilyn y golau,
       Gan ddwyn eu trysorau
   I'r baban ar ddiwedd eu taith.

Cytgan:
Ond blwyddyn 'rôl blwyddyn yn gyson fe gofiwn,
A blwyddyn 'rôl blwyddyn yn llawen fe ddathlwn,
Ac er mor gyfarwydd y stori adroddwn,
    Yn wylaidd addolwn bob tro.

2. Fe'i clywsom i gyd cyn hyn, –
   Neges yr angel ar y bryn,
       A hwythau'r bugeiliaid
       Yn gadael eu defaid
   A mynd tua'r preseb yn syn.

3. Mae'r stori 'run fath o hyd, –
   Stori am Un mewn isel grud
       Yn Fab y Goruchaf,
       Yr Iesu anwylaf,
   Yn Frenin a Cheidwad y byd.

Myfanwy Bennett Jones

FE ANWYD MEWN STABAL YM METHLEM

1. Dewch i glywed yr hanes am faban mor fwyn
   A anwyd mewn stabal ym Methlem;
   Dewch i glywed am blentyn i Joseff a Mair
   A anwyd mewn stabal ym Methlem.
   Yr holl anifeiliaid o amgylch ei grud,
   A phawb o'r pentrefwyr yn brysio yn fflyd
   I gael syllu mewn syndod ar Frenin y byd
   A anwyd mewn stabal ym Methlem.

2. Dewch yn agos i weled bugeiliaid â'u hŵyn
   Yn rhoi eu cyfarchion i'r baban;
   Dewch yn agos i weled brenhinoedd o bell
   Yn rhoi eu cyfarchion i'r baban –
   Rhoi tri o anrhegion i blentyn mor ddrud,
   Yn aur, thus a myrr i Frenin y byd:
   Awn i ddathlu newyddion y geni i gyd
   A rhoi ein cyfarchion i'r baban.

Ceri Gwyn

Neithiwr

Geiriau: Myfanwy Bennett Jones

CERI GWYN

NEITHIWR

1. Neithiwr agorais gil y drws,
   Ac mi welais yr holl dref yn olau;
   Bethlehem i gyd dan lewyrch tlws,
   A minnau'n effro'n gweled rhyfeddodau.

   Cytgan: Yno 'roedd baban
             Anwyd yn dlawd,
             Anwyd mewn stabal,
             Anwyd i ni yn frawd. (dwy waith)

2. Neithiwr mi glywais ganu pêr
   Pan oedd pawb ym Methlehem yn cysgu –
   Bethlehem yn cysgu dan y sêr,
   A minnau'n effro'n clywed sŵn y canu.

   Cytgan: Yno 'roedd baban ...

3. Neithiwr mewn syndod 'roeddwn i, –
   Gweld y golau, gwrando sŵn y canu.
   Heddiw mae llawenydd ym mhob cri,
   A minnau'n cofio neithiwr, ac yn gwenu.

   Cytgan: Yno 'roedd baban ...

Ceri Gwyn a Myfanwy Bennett Jones

Clychau

CLYCHAU

1. Clywch y clychau clir yn canu,
   Baban bach a ddaeth i'r byd;
   Clywch y clychau clir yn canu,
   Baban bach a ddaeth i'r byd;
   Ding, ding-a-dong, ding-a-dong, ding-a-dong,
   Ding, ding-a-dong, ding dong;
   Clywch y clychau clir yn canu,
   Baban bach a ddaeth i'r byd.

2. Cafodd Iesu Grist ei eni,
   Dathlu mawr sydd ym mhob man;
   Cafodd Iesu Grist ei eni,
   Dathlu mawr sydd ym mhob man.
   Ding, ding-a-dong, ding-a-dong, ding-a-dong,
   Ding, ding-a-dong, ding dong;
   Cafodd Iesu Grist ei eni,
   Dathlu mawr sydd ym mhob man.

Ceri Gwyn

Gobaith y Nadolig

GOBAITH Y NADOLIG

1. (UNIGOLYN)
   Yr wyf mor oer, yr wyf newynog,
   Yr wyf mor wan, yr wyf flinderog.
   (CÔR)
   Mae hi mor oer, mae yn newynog,
   Mae hi mor wan, ac mor flinderog.

   Cytgan (UNIGOLYN)
   Pe bawn heno yn cael blasu pryd,
   Pe bawn i heno yn cael cartref clyd,
   A chroeso cynnes yn lle stryd,
   Fe fyddai'n garedicach byd,
   Ond heno, nid i mi.

   Cytgan (CÔR)
   Pe bai heno yn cael blasu pryd,
   Pe bai hi heno yn cael gwely clyd,
   A chroeso cynnes yn lle stryd,
   Fe fyddai'n garedicach byd,
   Ond heno, nid iddi hi.

2. (UNIGOLYN)
   Heb gartref clyd, heb ffrind na theulu,
   Heb foethau drud nac arian i'w prynu.
   (CÔR)
   Heb gartref clyd, heb ffrind na theulu,
   Heb foethau drud nac arian i'w prynu.

   Cytgan (fel Pennill 1 – Unigolyn, yna Côr)

3. (UNIGOLYN)
   Y Nadolig hwn, fydd rhywun glyw fy nghri?
   Y Nadolig hwn, a gaf fy nigoni?
   (CÔR)
   Y Nadolig hwn, fe glywsom ni dy gri.
   Y Nadolig hwn, fe gei dy ddigoni.

   Cytgan – UNIGOLYN – fel Cytgan 1 a 2

   Cytgan – CÔR Cei, mi gei di heno flasu pryd,
   A cei, mi gei di heno wely clyd,
   A chroeso cynnes yn lle stryd,
   A gobaith newydd am well byd,
   A gobaith am well byd.

   Ceri Gwyn

Faban Sanctaidd (Di-gyfeiliant)

CERI GWYN

23

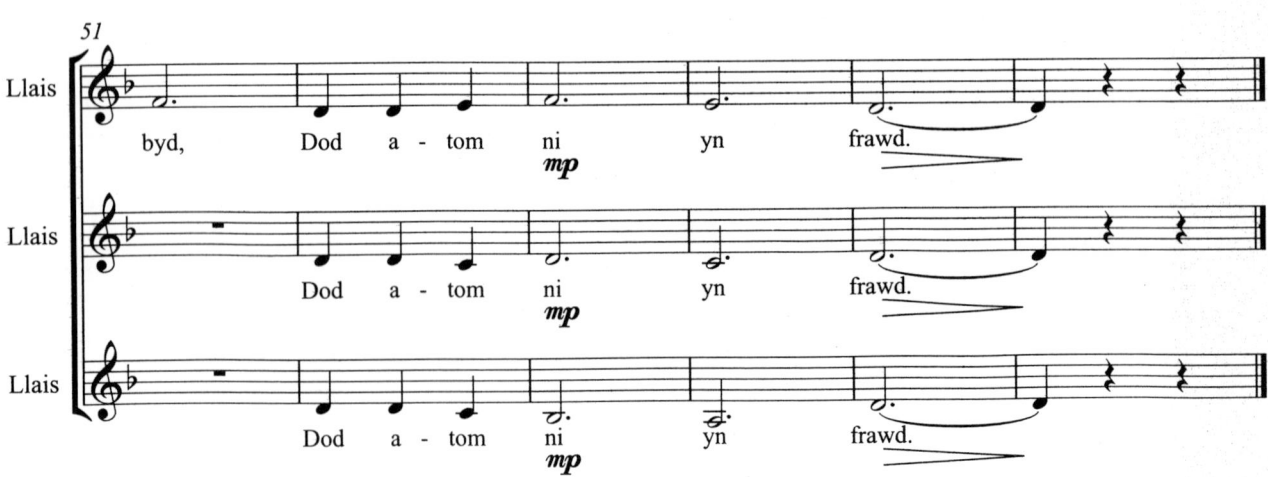

FABAN SANCTAIDD

1. Pwy sydd yn gorwedd fan hyn
   – Gorwedd mewn gwely o wair?
   Pawb arno'n syllu yn syn
   – Baban bach Joseff a Mair.

   Cytgan: Faban sanctaidd
             Yma'n wylaidd,
             Ddaeth yn Waredwr i'r byd,
             Dod atom ni yn frawd.

2. Pwy sydd yn sefyll yn fud
   – Plygu mewn parch iddo Ef?
   Twr o fugeiliaid wrth grud
   Un sy'n etifedd y Nef.

   Cytgan: Faban sanctaidd ...

3. Pwy sydd ar siwrne mor faith
   – Dilyn y seren o hyd?
   Doethion o'r Dwyrain ar daith
   – Rhoddion i Frenin y byd.

   Cytgan: Faban sanctaidd ...

Ceri Gwyn

Un Noson Oer

CERI GWYN

UN NOSON OER

1. Un noson oer ym Methlem
   A'r gaeaf wedi dod,
   'Roedd Mair a Joseff yn chwilio
   Am gysgod rhag yr ôd;
   Ond nid oedd lle
   Mewn llety yn y dre' –
   Gwrthodwyd hwy ym mhob man,
   Nes i ddyn
   Roi benthyg stabal ddi-lun
   I'r ddau flinedig a gwan.

   Cytgan: Daeth bugeiliaid lu i'r dref
             I'w weled Ef –
             Waredwr byd,
             Yn gorwedd yn ei grud;
             Doethion ddaeth o'r dwyrain draw
             I'w weled yn y gwair
               – Fab Mair!

2. Mae dros ddwy fil o flwyddi
   Er pan ddigwyddodd hyn,
   A ninnau'n dal i synnu
   Am eni'r baban gwyn;
   A chofio 'wnawn
   Ymhlith y rhoddion 'gawn
   Mai Iesu yn wir yw'r rhodd
   Fwyaf ei hun
   A roed yn drysor i ddyn, –
   Y Ceidwad sydd wrth ein bodd.

   Cytgan: Yn y stabal yn y dref
             Y ganwyd Ef –
             Waredwr byd,
             A'r preseb iddo'n grud;
             Trysor Nef mor llwm ei wedd,
             Yn swatio yn gwair
               – Fab Mair!

Ceri Gwyn

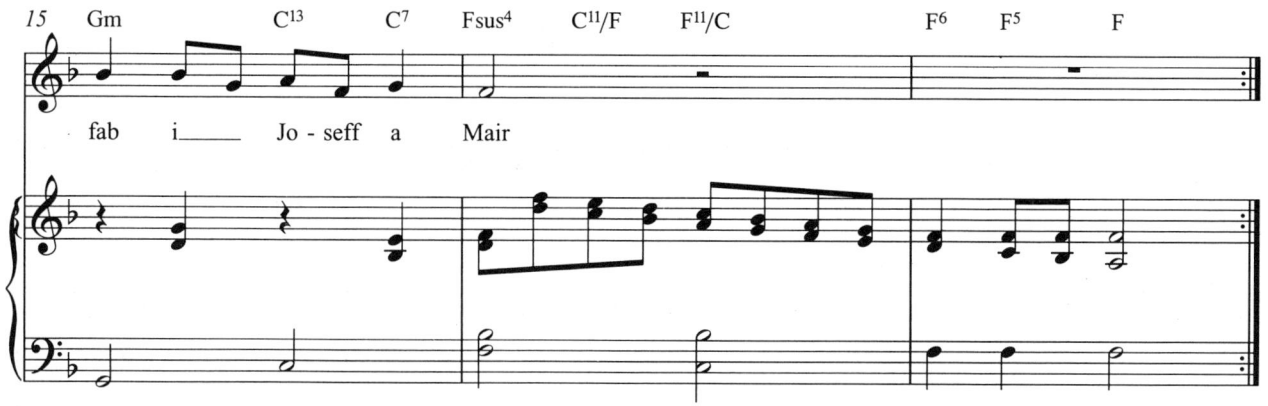

CAROL PLENTYN BACH

1. Clychau Bethlehem, ting-a-ling, ting-a-ling,
   Ting-a-ling, ting-a-ling-a-ling-a-ling.
   Clychau Bethlehem, ting-a-ling, ting-a-ling,
   Ting-a-ling, ting-a-ling-a-ling-a-ling.
   Fe anwyd baban yn y dref
   Yn fab i Joseff a Mair.
   Ting, ting-a-ling-a-ling, ting, ting-a-ling-a-ling,
   Yn fab i Joseff a Mair.

2. Clychau Bethlehem ting-a-ling, ting-a-ling,
   Ting-a-ling, ting-a-ling-a-ling-a-ling.
   Clychau Bethlehem, ting-a-ling, ting-a-ling,
   Ting-a-ling, ting-a-ling-a-ling-a-ling.
   A'r baban bach yn cysgu'n drwm
   Yn gynnes yn y gwair,
   Ting, ting-a-ling-a-ling, ting, ting-a-ling-a-ling,
   Yn gynnes yn y gwair.

Ceri Gwyn

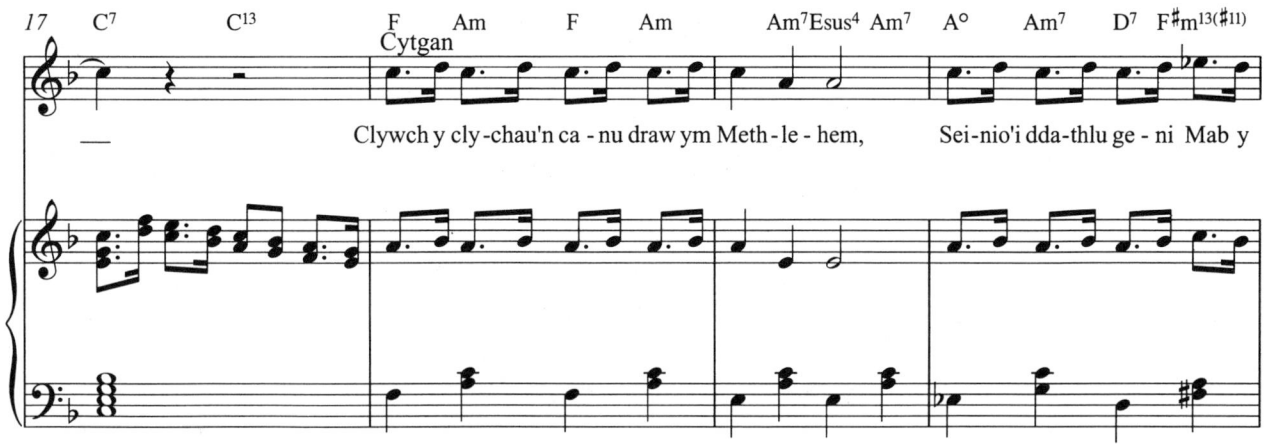
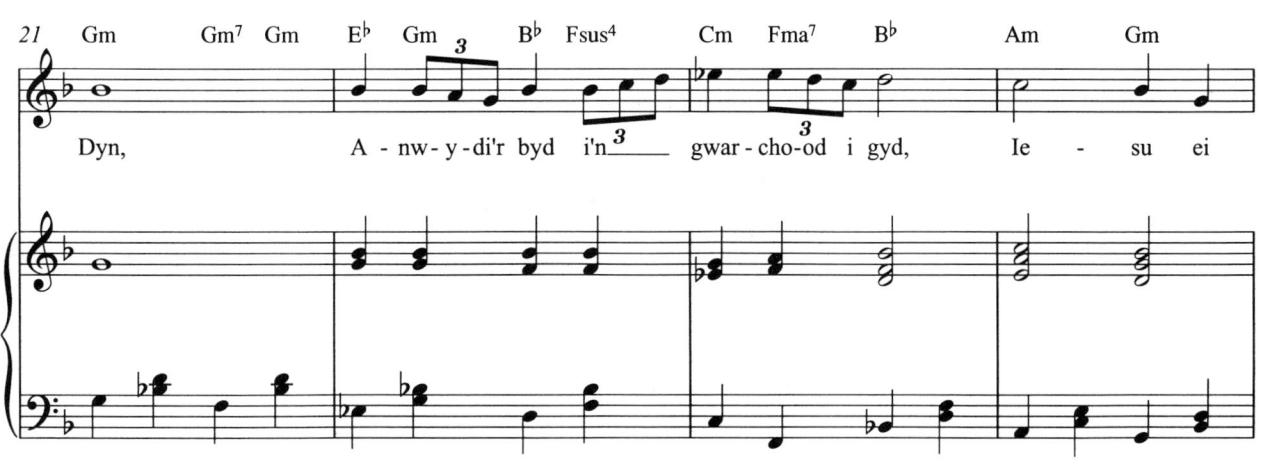

DATHLU'R GENI

1. Pan ddaw y gaeaf yn ei dro
   A'r eira ger y drws,
   A'r llu garolwyr yn y stryd
   Yn seinio miwsig tlws,
   Fe gofiwn ninnau am un bach
   A roddwyd inni'n frawd:
   Ym Methlem dref y ganwyd Ef,
   Mewn stabal oeraidd, dlawd.

   Cytgan: Clywch y clychau'n canu draw ym Methlehem,
   Seinio'i ddathlu geni Mab y Dyn,
   Anwyd i'r byd i'n gwarchod i gyd –
   Iesu ei hun.

2. Wrth inni anfon cardiau lu
   Ac agor rhoddion drud,
   Wrth flasu'r bwydydd ar y bwrdd
   Yn ein cartrefi clyd,
   Fe gofiwn am angylion glân,
   Bugeiliaid, doethion dri,
   Ddaeth i groesawu'r baban gwyn, –
   Y Crist a aned i ni.

   Cytgan: Clywch y clychau ...

   Ceri Gwyn

Geiriau: Myfanwy Bennett Jones

Seren Wen

CERI GWYN

35

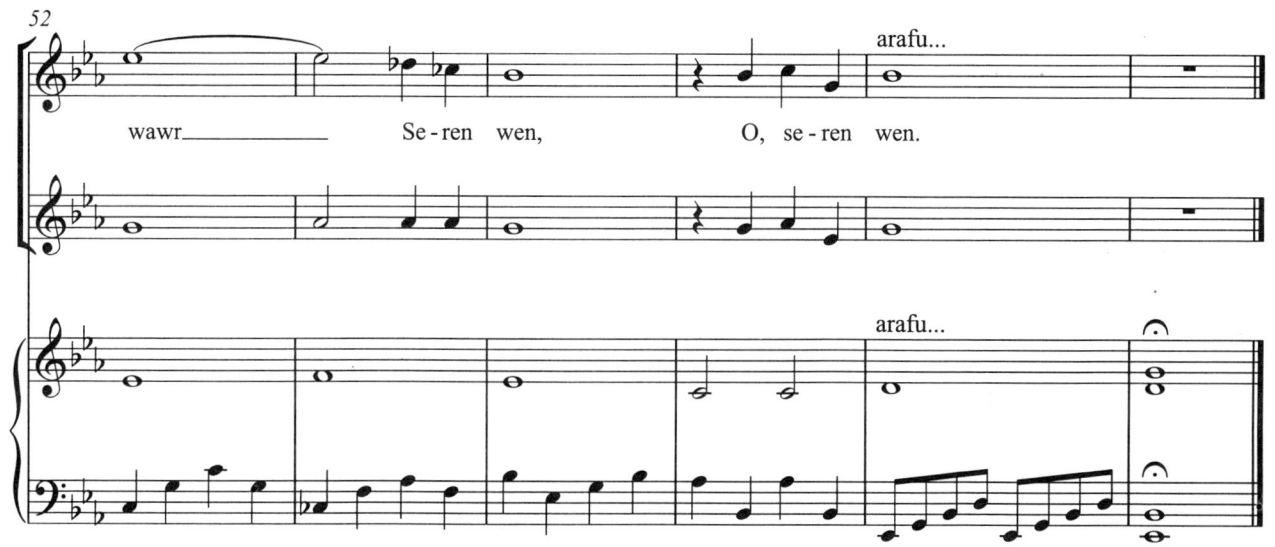

SEREN WEN

1. Seren wen, O! seren wen,
   Pa beth a welaist ar dy rawd?
   Mab y Duwdod mewn cadachau,
   Aer y Nef yn wan mewn rhwymau,
   Brenin daear heb drysorau
       Yno'n dlawd.

2. Seren wen, O! seren wen,
   Pa beth a welaist ar dy hynt?
   Golau gwyn o wlad gogoniant,
   Engyl Nef yn seinio moliant,
   A'u hanthemau yn llifeiriant
       Ar y gwynt.

3. Seren wen, O! seren wen,
   Pa beth a welaist yn ein byd?
   Doethion daear yn ymgrymu,
   Tlawd werinwyr yn rhyfeddu,
   Ceidwad dyn ynghwsg mewn beudy –
       Trysor drud.

   Cytgan: Seren wen, O! seren wen,
       Rho dy olau i ninnau, seren.
       Seren wen, O! seren wen.
       Rho dy olau i ni, O! seren.

4. Seren wen, O! seren wen,
   Llewyrcha ar ein llwybrau'n awr,
   Â'th sirioldeb yn ein llonni,
   A'th belydrau'n ysbrydoli,
   Tywys ninnau i oleuni
       Dwyfol wawr.
       Seren wen
       O! seren wen.

Myfanwy Bennett Jones

HEI! HEI! HEI!

Cytgan: Hei! Hei! Hei! Mae yr hanes mor glir.
Hei! Hei! Hei! Newydd da dros y tir.
Hei! Hei! Hei! Mae yr hanes mor glir.
Hei! Hei! Hei! Newydd da dros y tir.

1. Baban bach yn gwenu,
   Mam a thad yn synnu,
   Llawer o angylion,
   Un, dau, tri!
   Mae hi'n stori wir.

   Cytgan: Hei! Hei! Hei! Mae yr hanes mor glir.
   Hei! Hei! Hei! Newydd da dros y tir.
   Hei! Hei! Hei! Mae yr hanes mor glir.
   Hei! Hei! Hei! Newydd da dros y tir.

2. Clwstwr o fugeiliaid,
   Llu o anifeiliaid,
   Tri Gŵr Doeth a seren,
   Un, dau tri!
   Mae hi'n stori wir.

   Cytgan: Hei! Hei! Hei! Mae yr hanes mor glir.
   Hei! Hei! Hei! Newydd da dros y tir.
   Hei! Hei! Hei! Mae yr hanes mor glir.
   Hei! Hei! Hei! Newydd da dros y tir.
   Hei! Hei! Hei! Mae hi'n stori wir.

Ceri Gwyn